놀면서 스마트해지는
두뇌 자극 플레이북

HARD
W&M 뇌발달연구소

딴짓거리

동양북스

초판 1쇄 발행 | 2019년 7월 30일
초판 5쇄 발행 | 2023년 3월 20일

지은이 | W&M 뇌발달연구소
발행인 | 김태웅
기획 편집 | 양정화
디자인 | 남은혜
일러스트 | Shutterstock.com 라이선스 이미지 외
마케팅 | 나재승
제작 | 현대순

발행처 | (주)동양북스
등록 | 제 2014-000055호
주소 | 서울시 마포구 동교로22길 14 (04030)
구입문의 | 전화 (02)337-1737, 팩스 (02)334-6624
내용문의 | 전화 (02)337-1763, dybooks2@gmail.com

ISBN 979-11-5768-511-0 13690

이 도서의 국립중앙도서관 출판시도서목록(CIP)은 서지정보유통지원시스템 홈페이지(http://seoji.go.kr)와
국가자료공동목록시스템(http://www.nl.go.kr/kolisnet)에서 이용하실 수 있습니다.
(CIP제어번호:CIP2019017254)

들어가는 말

언제부터인가 우리는 생각하기를 게을리하고, 찾으면 바로바로 정답을 얻을 수 있는 스마트한 세상에서 스마트함을 뺏긴 채 살아가고 있습니다. 디지털 치매라는 말이 정말 먼 남의 얘기일까요? 지금 현재 당신이 외우고 있는 전화번호는 몇 개나 되나요? 네비게이션 없이 지도를 보면서 혼자 목적지를 찾아갈 수 있나요? 이렇게 우리는 알게 모르게 컴퓨터와 스마트폰에 삶의 많은 부분을 의지하며 살아가고 있습니다.

이 모든 것이 잘 못 되었다는 것이 아니라 그만큼 두뇌 회전을 위한 활동을 따로 찾아서 하지 않으면 안 된다는 것입니다. 이미 두뇌 회전을 돕는다는 책들이 많이 출간되어 있습니다. 하지만 조금 더 재미있게 다양한 방식으로 즐기면서도 충분한 두뇌 자극이 되어 줄 놀이책이 없다는 것이 아쉬웠고 이러한 마음에서 기획된 책이 바로 『딴짓거리』입니다. 이 책은 **미로 찾기, 다른 그림 찾기, 일치하는 그림 찾기, 조각 퍼즐, 블록 퍼즐, 다양한 스타일의 그리기, 점 잇기, 색칠하기, 스도쿠, 노노그램, 기억하기, 연산하기, IQ 트레이닝을 위한 논리 게임** 등으로 다양하고 알차게 구성되어 있습니다. 그뿐만 아니라 신체 활동을 위한 **만들기**와 **종이접기**도 함께 수록하였습니다.

『딴짓거리』는 난이도 차이를 상이하게 두어 총 두 권으로 출간하였습니다. 각 난이도는 너무 쉽거나 너무 어렵지 않으니 두 권 모두 도전해 보시기에 문제없을 것입니다. 단, 문제를 풀어 갈 때 때때로 답을 찾는 데 오랜 시간이 걸릴 수도 있지만, 절대 낙심 금지입니다. 오랜 시간을 투자해서 답을 찾을 때 기쁨은 배가 될 것이고 깊이 생각한 만큼 두뇌의 모든 신경 세포들이 활발히 움직였을 테니 말입니다.

참고로 이 책의 활용 방법을 말씀드리겠습니다. 처음 문제 풀이 때는 연필로 체크 한 후 다시 한번 풀이 때 정확한 답으로 표기하기를 추천해 드립니다. 특히 공간지각능력과 형태지각능력을 요하는 문제들은 몇 번 지웠다 그렸다 반복해야만 문제가 풀이될 수 있기 때문입니다.

자, 백문이 불여일견! 지금 바로 『딴짓거리』와 함께 놀면서 하는 두뇌 트레이닝 프로그램을 즐겨보세요.

W&M 뇌발달연구소

CONTENTS

FIND GAME

MAZE

서로 연결된 짝을 찾으세요.

ANSWER

Lady – _____, Man – _____, Girl – _____, Boy – _____

Runtime

MAZE

수화기와 연결된 전화기를 찾으세요.

Just play.
Have fun.
Enjoy the game.

ANSWER

A –_____, B –_____, C –_____, D –_____

Runtime

MAZE

토끼가 당근을 찾을 수 있도록 도와주세요.

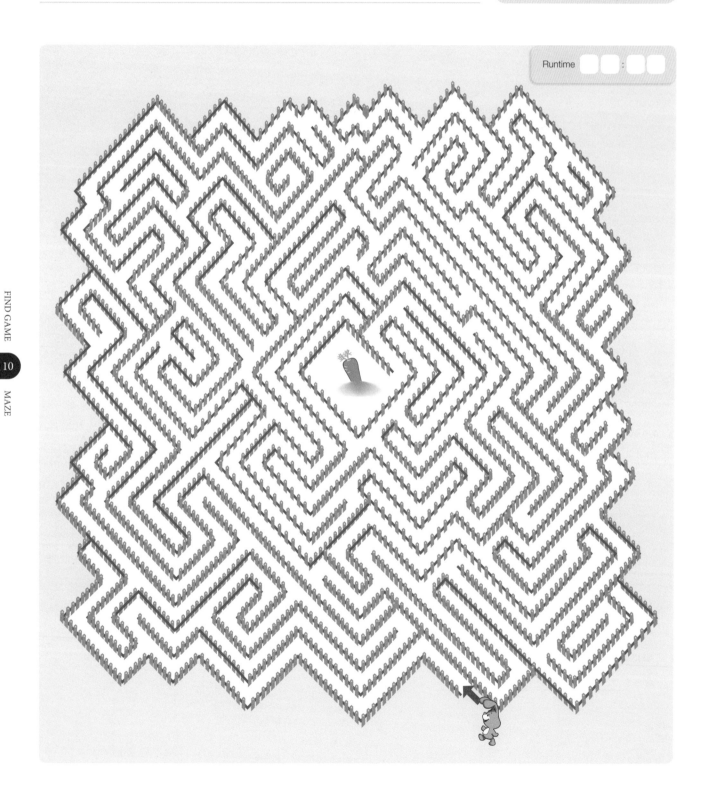

Runtime

MAZE

꿀벌이 집에 갈 수 있도록 도와주세요.

Runtime [ ][ ] : [ ][ ]

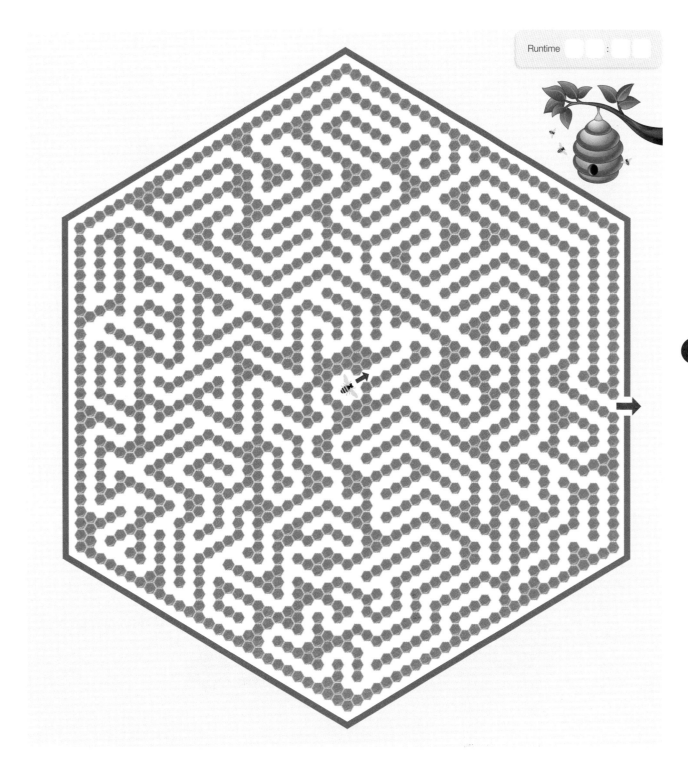

MAZE

다람쥐가 도토리를 먹을 수 있도록 도와주세요.

Runtime ☐☐ : ☐☐

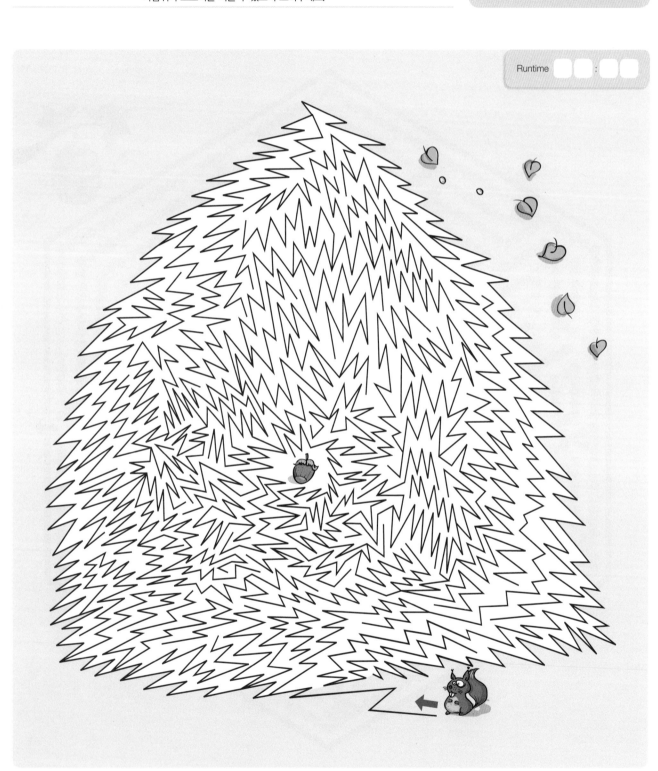

MAZE

강아지가 간식을 먹을 수 있도록 도와주세요.

Runtime ☐☐ : ☐☐

MAZE

목적지에 도착 할 수 있도록 도와주세요.

Runtime

Runtime

MAZE

목적지에 도착 할 수 있도록 도와주세요.

Runtime

Runtime

MAZE

이제부턴 탈출하는 속도에 집중해보세요.

Runtime ☐☐ : ☐☐

Runtime ☐☐ : ☐☐

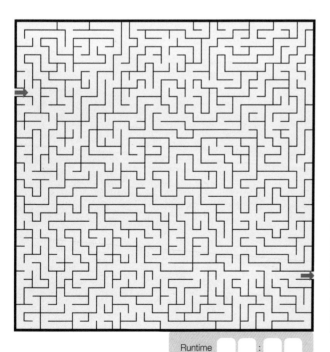

Runtime ☐☐ : ☐☐

Runtime ☐☐ : ☐☐

MAZE

주유소로 가는 길을 찾으세요. 화살표 방향으로만 진행 가능합니다.

Just play.
Have fun.
Enjoy the game.

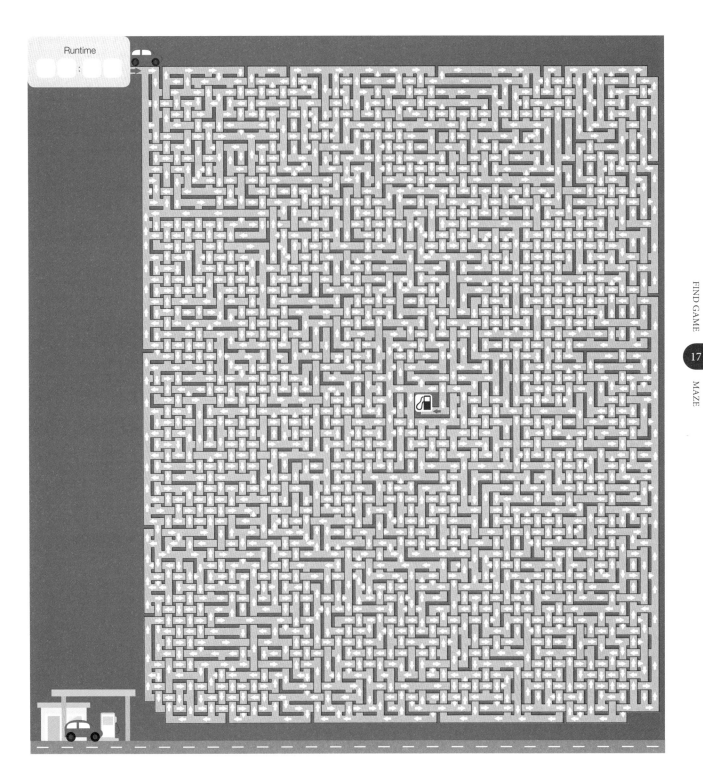

Runtime

MAZE

어디에서 출발해야 탈출 할 수 있을까요? 진짜 탈출구를 찾으세요.

Just play.
Have fun.
Enjoy the game.

Runtime ☐☐ : ☐☐

ANSWER _____ – _____

Runtime ☐☐ : ☐☐

ANSWER _____ – _____

MAZE

어디에서 출발해야 탈출 할 수 있을까요? 진짜 탈출구를 찾으세요.

Just play.
Have fun.
Enjoy the game.

Runtime [ ] [ ] : [ ] [ ]

ANSWER _____ – _____

Runtime [ ] [ ] : [ ] [ ]

ANSWER _____ – _____

MAZE

출발점에서 도착점으로 가는 길을 찾으세요. 퍼즐 조각을 제대로 맞추어야 탈출할 수 있습니다.

Runtime ☐☐ : ☐☐

ANSWER

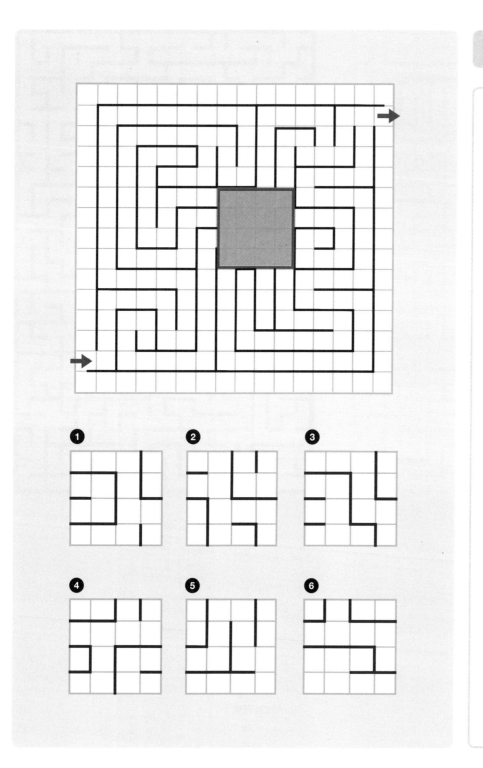

MAZE

출발점에서 도착점으로 가는 길을 찾으세요. 퍼즐 조각을 제대로 맞추어야 탈출할 수 있습니다.

Runtime ☐☐ : ☐☐

ANSWER

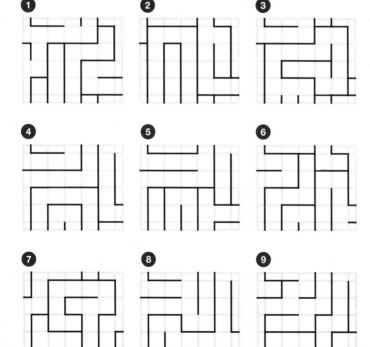

❶ ❷ ❸

❹ ❺ ❻

❼ ❽ ❾

DIFFERENCES

서로 다른 아홉 곳을 모두 찾으세요.

Just play.
Have fun.
Enjoy the game.

DIFFERENCES

서로 다른 열 곳을 모두 찾으세요.

Just play.
Have fun.
Enjoy the game.

FIND **10** DIFFERENCES   Runtime

FIND **10** DIFFERENCES   Runtime

DIFFERENCES

그림의 조각이 아닌 것들을 찾으세요.

Just play.
Have fun.
Enjoy the game.

Runtime ☐☐ : ☐☐

Runtime ☐☐ : ☐☐

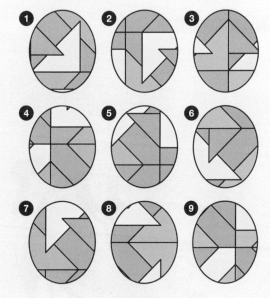

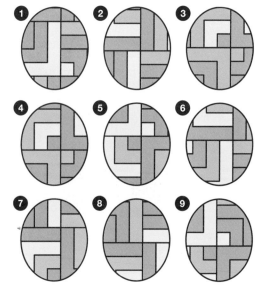

ANSWER _____, _____, _____

ANSWER _____, _____, _____

DIFFERENCES

그룹 중 짝이 없는 외톨이 그림을 찾으세요.

Just play.
Have fun.
Enjoy the game.

Runtime ☐☐ : ☐☐

Runtime ☐☐ : ☐☐

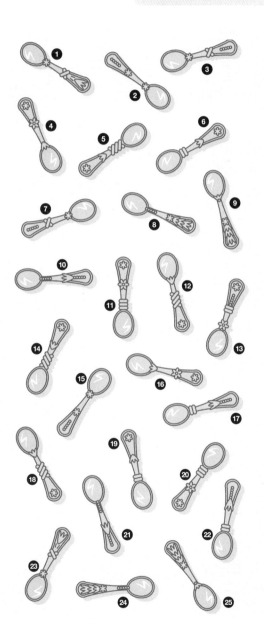

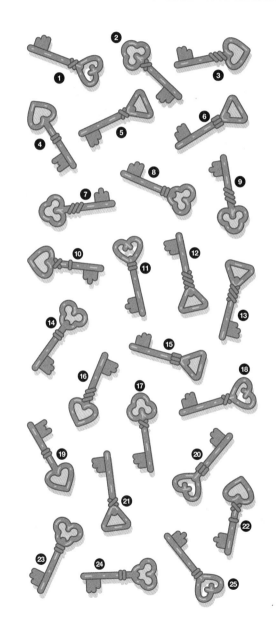

ANSWER

ANSWER

MATCHING

그림과 정확히 일치하는 그림자를 찾으세요.

ANSWER

Runtime ☐☐ : ☐☐

ANSWER

Runtime ☐☐ : ☐☐

MATCHING

그림과 정확히 일치하는 그림자를 찾으세요.

Just play.
Have fun.
Enjoy the game.

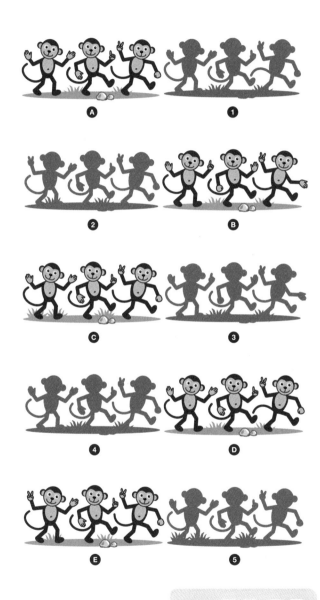

Runtime ☐ ☐ : ☐ ☐

Runtime ☐ ☐ : ☐ ☐

ANSWER

A – ___ , B – ___ , C – ___ , D – ___

ANSWER

A – ___ , B – ___ , C – ___ , D – ___ , E – ___

MATCHING

그룹 중 정확하게 일치하는 두 개의 그림을 찾으세요.

Just play.
Have fun.
Enjoy the game.

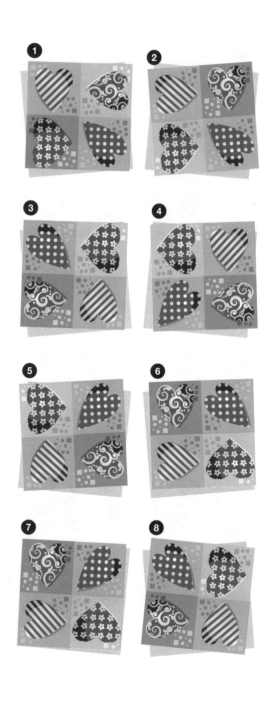

ANSWER _____ , _____   Runtime ☐☐ : ☐☐   ANSWER _____ , _____   Runtime ☐☐ : ☐☐

MATCHING

그룹 중 정확하게 일치하는 두 개의 그림을 찾으세요.

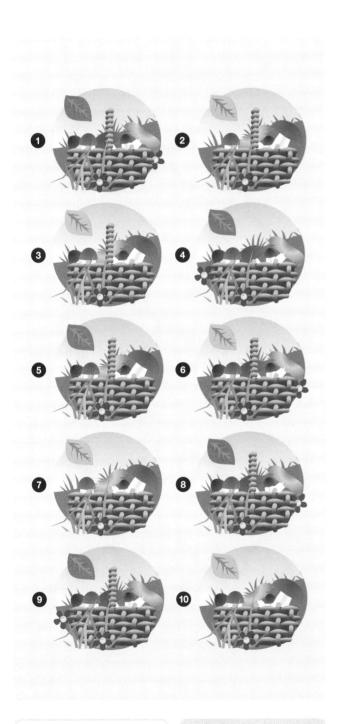

ANSWER _____ , _____   Runtime [   ] [   ] : [   ] [   ]   ANSWER _____ , _____   Runtime [   ] [   ] : [   ] [   ]

MATCHING

그룹 중 동일한 기호를 가진 두 개의 도형을 찾으세요.

Just play.
Have fun.
Enjoy the game.

SAMPLE SIGN

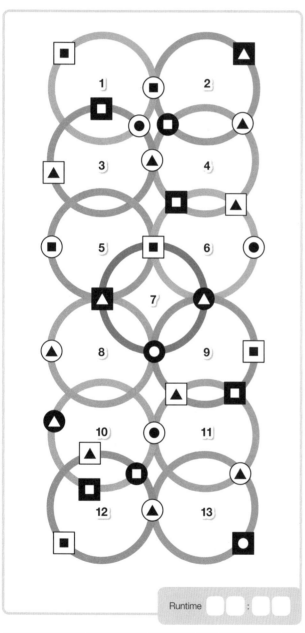

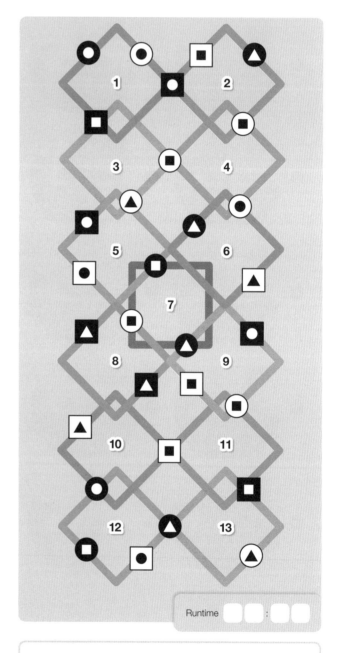

Runtime ☐☐ : ☐☐

Runtime ☐☐ : ☐☐

ANSWER _____, _____

ANSWER _____, _____

MATCHING

그룹 중 동일한 기호를 가진 두 개의 도형을 찾으세요.

SAMPLE SIGN

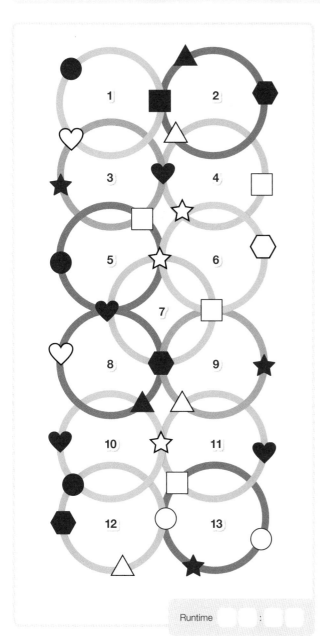

Runtime [ ] [ ] : [ ] [ ]

Runtime [ ] [ ] : [ ] [ ]

ANSWER _____ , _____

ANSWER _____ , _____

MATCHING

각 라인마다 두 개의 동일한 이미지를 찾으세요.

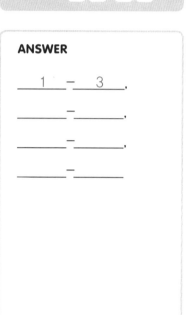

Runtime ☐☐ : ☐☐

ANSWER

1 – 3 ,

___ – ___ ,

___ – ___ ,

___ – ___

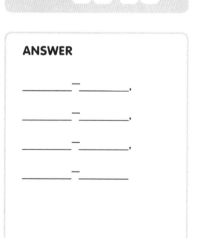

Runtime ☐☐ : ☐☐

ANSWER

___ – ___ ,

___ – ___ ,

___ – ___ ,

___ – ___

MATCHING

주사위 위치는 무관하며 보이는 숫자가 동일한 주사위 세트를 찾으세요.

Just play.
Have fun.
Enjoy the game.

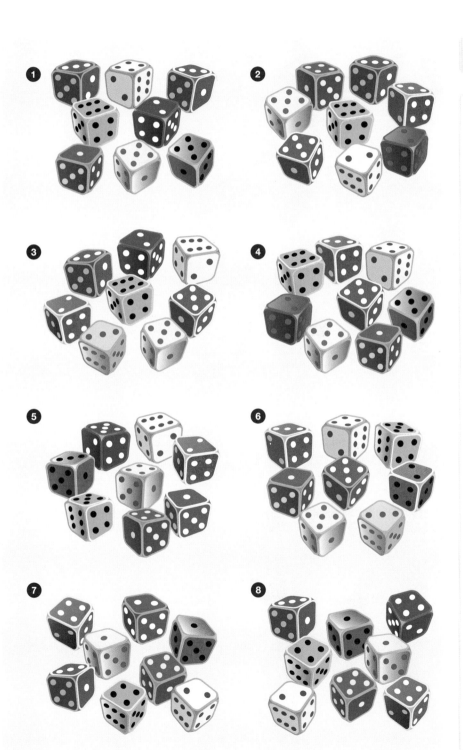

Runtime [ ] [ ] : [ ] [ ]

ANSWER

_____ , _____

MATCHING

그룹 중 두 개의 동일한 이미지를 찾으세요.

Runtime ☐ ☐ : ☐ ☐

ANSWER

_____ , _____

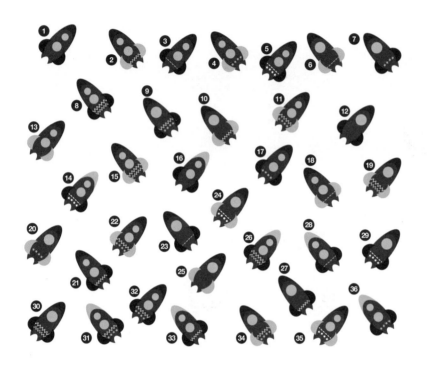

Runtime ☐ ☐ : ☐ ☐

ANSWER

_____ , _____

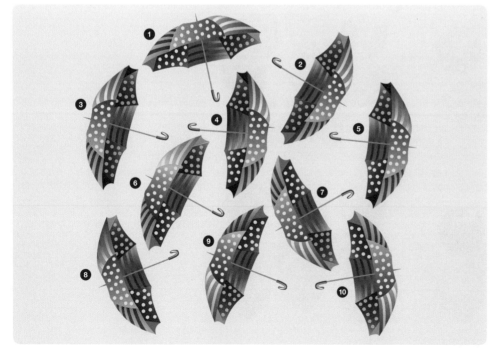

MATCHING

그룹 중 두 개의 동일한 이미지를 찾으세요.

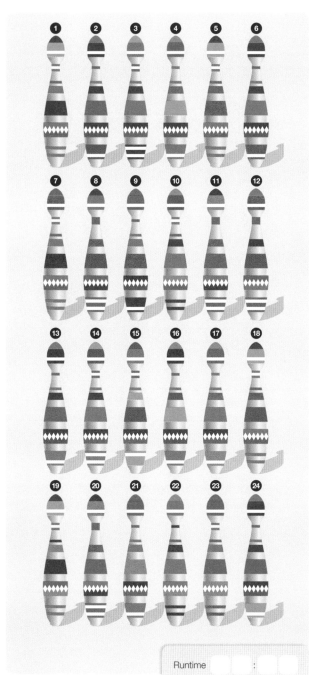

Runtime [ ] : [ ]

Runtime [ ] : [ ]

ANSWER _____, _____

ANSWER _____, _____

MATCHING

본 형상과 거울에 비친 형상이 일치하는 것끼리 짝을 지으세요.

Runtime ☐☐:☐☐

ANSWER

1 – 5 , __ – __ , __ – __ , __ – __ , __ – __ ,

__ – __

Runtime ☐☐:☐☐

ANSWER

__ – __ , __ – __ , __ – __ , __ – __ , __ – __

MATCHING

본 형상과 거울에 비친 형상이 일치하는 것끼리 짝을 지으세요.

Just play.
Have fun.
Enjoy the game.

Runtime ☐ : ☐

Runtime ☐ : ☐

ANSWER

___—___, ___—___, ___—___, ___—___,

___—___, ___—___, ___—___, ___—___

ANSWER

___—___, ___—___, ___—___, ___—___,

___—___, ___—___, ___—___, ___—___

MATCHING

본 도형들을 위에서 바라 본 모습과 일치하는 것끼리 짝을 지으세요.

Runtime

ANSWER

A –_____, B –_____, C –_____, D –_____, E –_____, F –_____, G –_____,

H –_____, I –_____

MATCHING

본 도형들을 위에서 바라 본 모습과 일치하는 것끼리 짝을 지으세요.

Just play.
Have fun.
Enjoy the game.

Runtime

ANSWER

A –_____, B –_____, C –_____, D –_____, E –_____, F –_____, G –_____

MATCHING

펼친 도면을 완성한 이미지로 맞는 주사위를 모두 찾으세요.

Runtime ☐☐ : ☐☐

ANSWER

_____ ,

_____ ,

_____

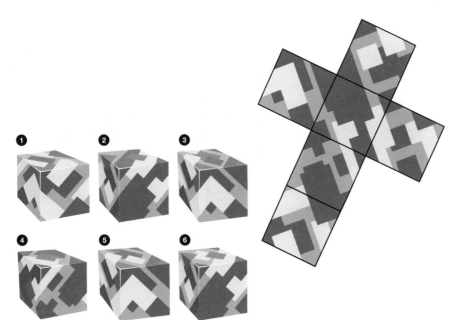

Runtime ☐☐ : ☐☐

ANSWER

MATCHING

다음과 같이 종이를 자르면 어떤 이미지가 만들어지는지 생각해보세요.

Runtime

ANSWER

Runtime

ANSWER

Runtime

ANSWER

PUZZLE GAME

JIGSAW

퍼즐 조각을 맞추어 그림을 완성하세요.

Just play.
Have fun.
Enjoy the game.

Runtime ☐☐ : ☐☐

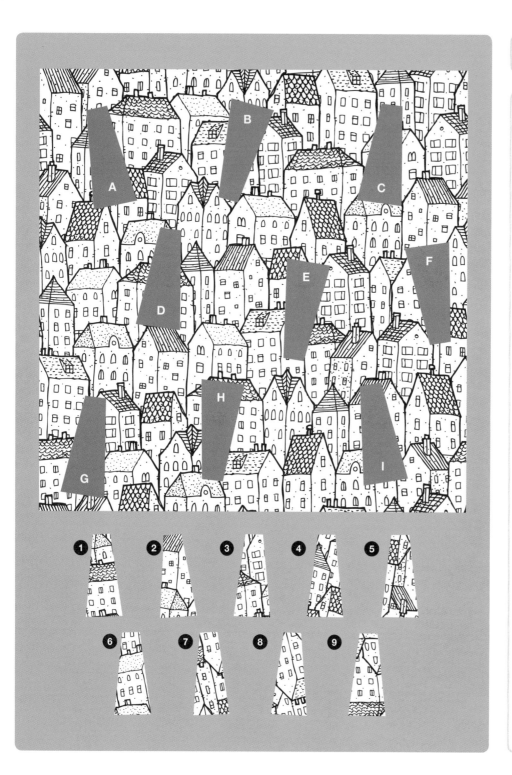

ANSWER

A – _____ ,

B – _____ ,

C – _____ ,

D – _____ ,

E – _____ ,

F – _____ ,

G – _____ ,

H – _____ ,

I – _____

JIGSAW

퍼즐 조각을 맞추어 그림을 완성하세요.

Just play.
Have fun.
Enjoy the game.

Runtime

ANSWER

A – _____ ,

B – _____ ,

C – _____ ,

D – _____

JIGSAW

퍼즐 조각을 맞추어 그림을 완성하세요.

Just play.
Have fun.
Enjoy the game.

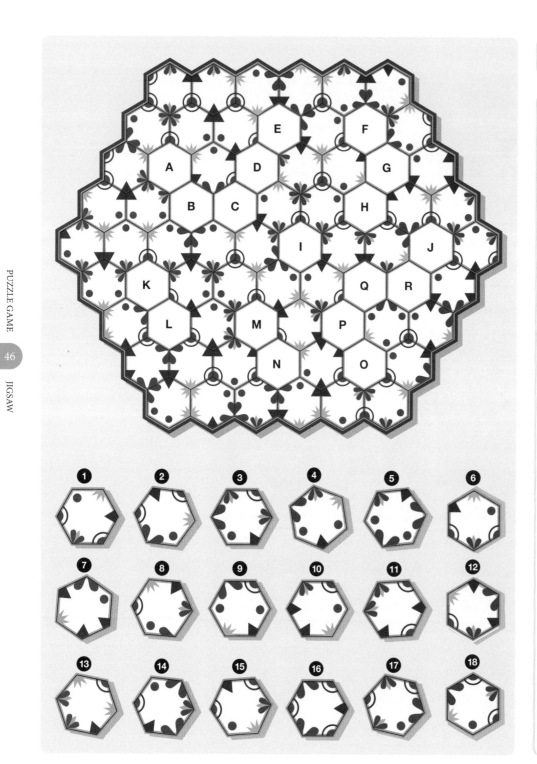

Runtime ☐☐ : ☐☐

ANSWER

A – _____ ,

B – _____ ,

C – _____ ,

D – _____ ,

E – _____ ,

F – _____ ,

G – _____ ,

H – _____ ,

I – _____ ,

J – _____ ,

K – _____ ,

L – _____ ,

M – _____ ,

N – _____ ,

O – _____ ,

P – _____ ,

Q – _____ ,

R – _____

JIGSAW

퍼즐 조각을 맞추어 형태를 완성하세요.

Just play.
Have fun.
Enjoy the game.

Runtime [ ] : [ ] [ ]

ANSWER

A – _____ ,

B – _____ ,

C – _____ ,

D – _____ ,

E – _____ ,

F – _____ ,

G – _____ ,

H – _____ ,

I – _____

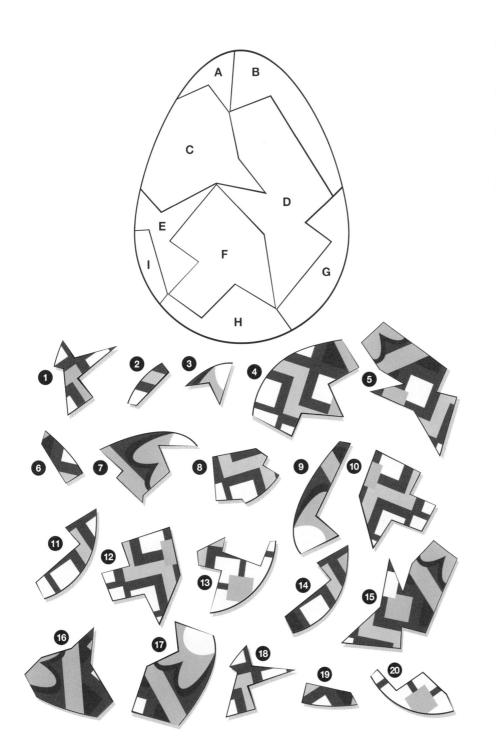

JIGSAW

다음 도형을 완성하기 위해 필요한 퍼즐 두 조각을 찾으세요.

Just play.
Have fun.
Enjoy the game.

Runtime ☐☐ : ☐☐

Runtime ☐☐ : ☐☐

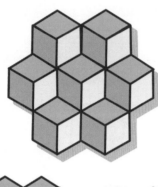

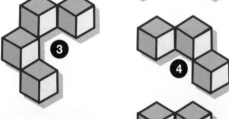
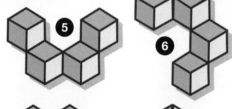
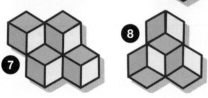
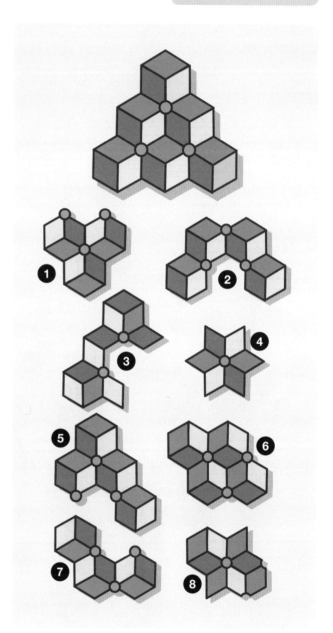

ANSWER _____, _____

ANSWER _____, _____

JIGSAW

다음 도형을 완성하기 위해 필요한 퍼즐 두 조각을 찾으세요.

Just play.
Have fun.
Enjoy the game.

Runtime ☐ ☐ : ☐ ☐

Runtime ☐ ☐ : ☐ ☐

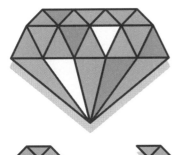

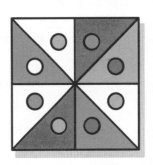

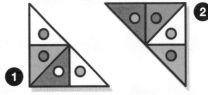

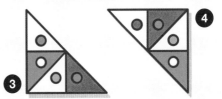

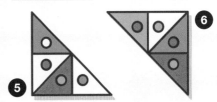

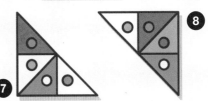

ANSWER _____ , _____

ANSWER _____ , _____

TETRIS

퍼즐 조각들을 모두 사용하여 도형을 채우세요.

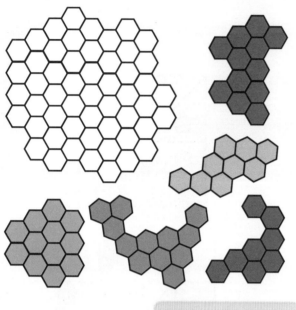

Runtime ☐☐ : ☐☐

Runtime ☐☐ : ☐☐

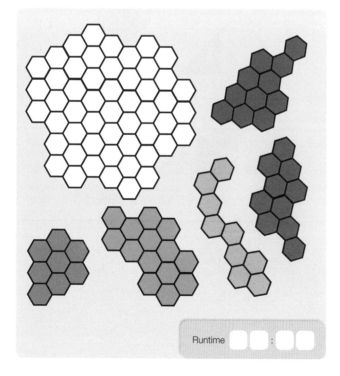

Runtime ☐☐ : ☐☐

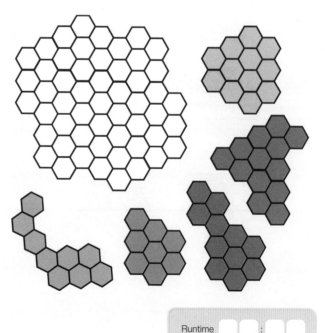

Runtime ☐☐ : ☐☐

TETRIS

퍼즐 조각들을 모두 사용하여 도형을 채우세요.

Runtime

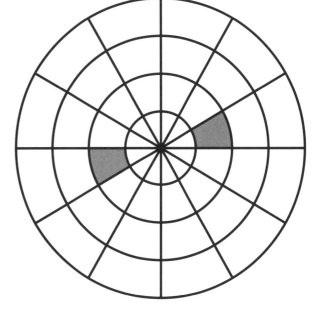
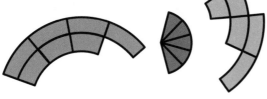

Runtime

TETRIS

퍼즐 조각들을 모두 사용하여 도형을 채우세요.

Runtime ☐☐ : ☐☐

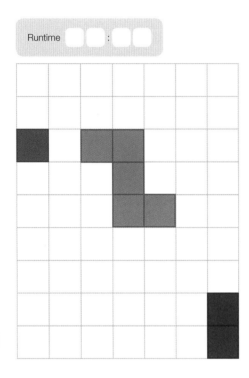

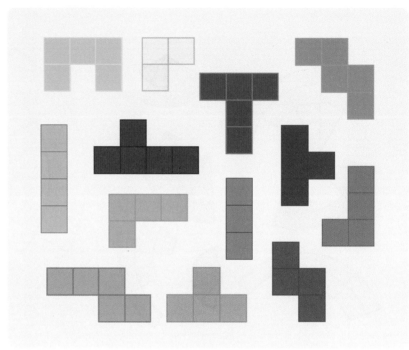

Runtime ☐☐ : ☐☐

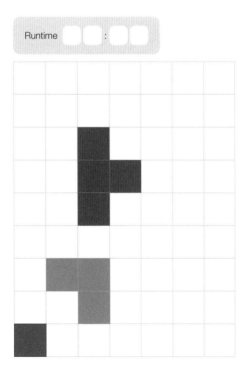

TETRIS

퍼즐 조각들을 모두 사용하여 도형을 채우세요.

Runtime

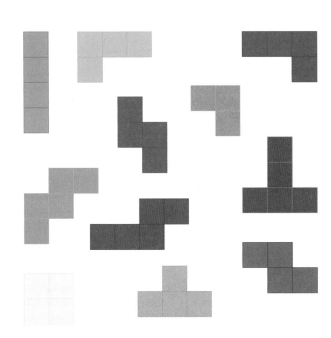

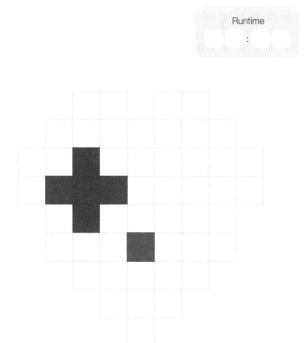

Runtime

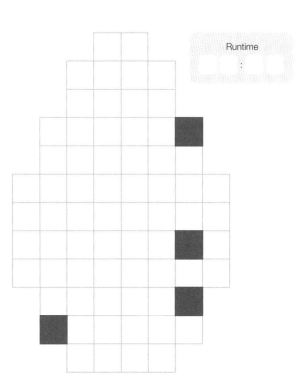

THINKING

공식에 맞춰 퍼즐에 빈 공간을 채우세요.

 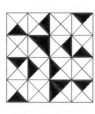 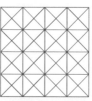

  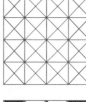 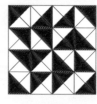

지시대로 방향과 횟수만큼 굴렸을 때 퍼즐 색상을 완성하세요.

THINKING

지시대로 방향과 횟수만큼 굴렸을 때 퍼즐 색상을 완성하세요.

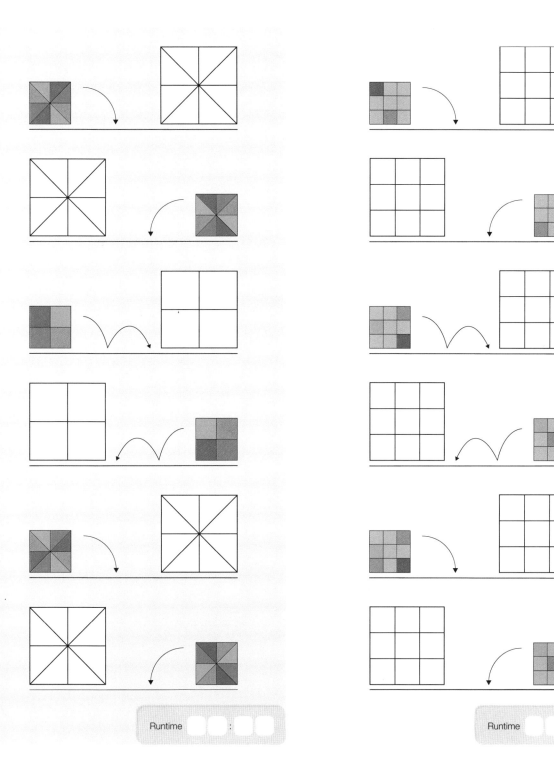

Runtime ⬚⬚ : ⬚⬚

Runtime ⬚⬚ : ⬚⬚

THINKING

지시대로 방향과 횟수만큼 굴렸을 때 퍼즐 색상을 완성하세요.

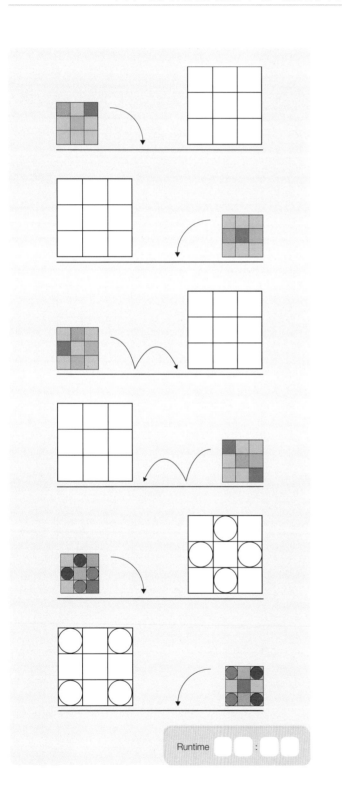

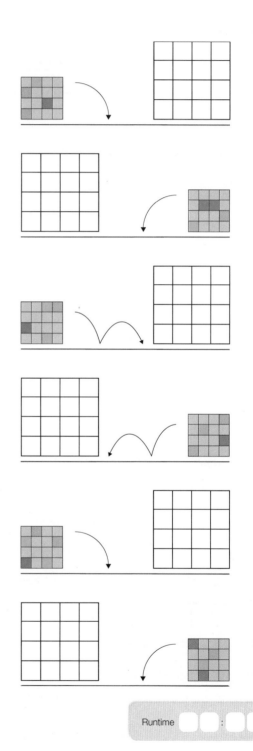

Runtime ☐☐ : ☐☐

Runtime ☐☐ : ☐☐

THINKING

지시대로 방향과 횟수만큼 굴렸을 때 퍼즐 색상을 완성하세요.

Just play.
Have fun.
Enjoy the game.

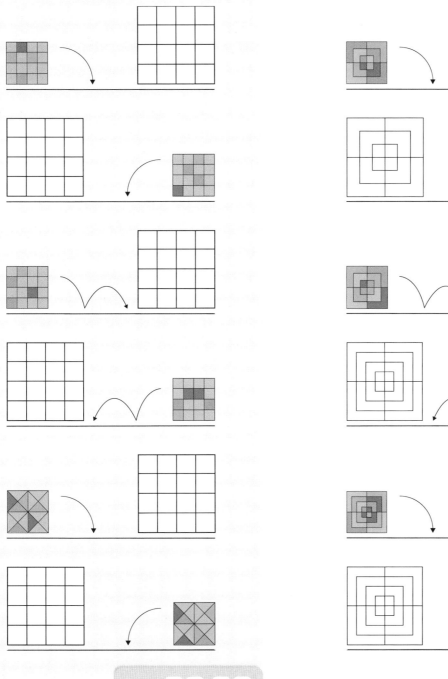

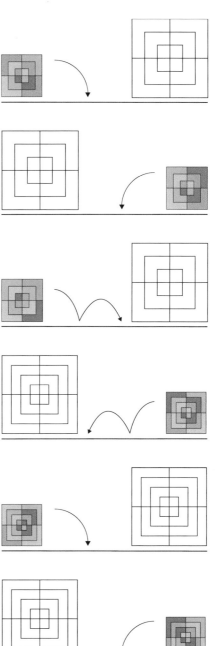

Runtime ☐☐ : ☐☐

Runtime ☐☐ : ☐☐

DRAWING & COLORING

#BRAIN GAME   #SEE   #DRAW   #WRITE   #ANYONE   #ANYTIME   #ANYWHERE

STEP by STEP

천천히 단계별로 따라 그려보세요.

Just play.
Have fun.
Enjoy the game.

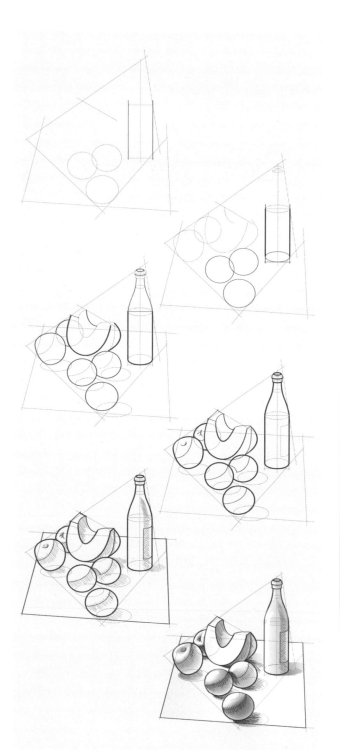

STEP by STEP

천천히 단계별로 따라 그려보세요.

Just play.
Have fun.
Enjoy the game.

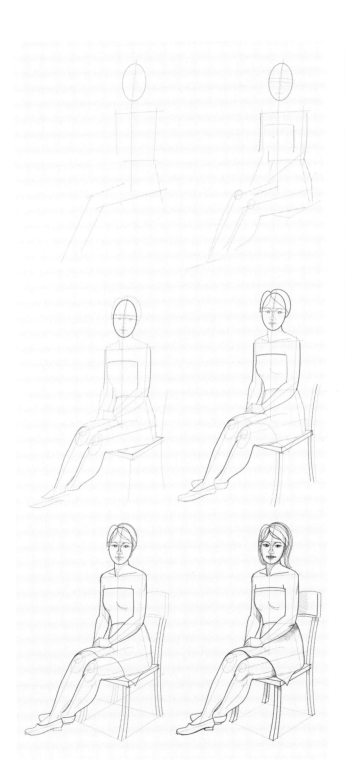

COMPLETING

그림을 완성해보세요. 예쁘게 채색도 해보세요.

COPYING

그림을 모방해보세요. 예쁘게 채색도 해보세요.

Just play.
Have fun.
Enjoy the game.

CONTINUOUS LINE #01

손을 떼지 않고 하나의 선으로 다음 그림을 모방하여 그려보세요.

CONTINUOUS LINE

손을 떼지 않고 하나의 선으로 다음 그림을 모방하여 그려보세요.

Just play.
Have fun.
Enjoy the game.

COLOR by NUMBERS

#01

주어진 번호 색상에 맞춰 차근차근 채색해보세요.

Just play.
Have fun.
Enjoy the game.

COLOR by NUMBERS

주어진 번호 색상에 맞춰 차근차근 채색해보세요.

COLOR by NUMBERS

주어진 번호 색상에 맞춰 차근차근 채색해보세요.

COLOR by NUMBERS

주어진 번호 색상에 맞춰 차근차근 채색해보세요.

Just play.
Have fun.
Enjoy the game.

COLOR by SKETCH

자기만의 개성으로 채색해보세요.

Just play.
Have fun.
Enjoy the game.

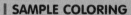
| SAMPLE COLORING

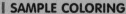
| SAMPLE COLORING

COLOR by SKETCH

자기만의 개성으로 채색해보세요.

I SAMPLE COLORING

I SAMPLE COLORING

COLOR by SKETCH

자기만의 개성으로 채색해보세요

Just play.
Have fun.
Enjoy the game.

**SAMPLE
COLORING**

COLOR by SKETCH

자기만의 개성으로 채색해보세요.

Just play.
Have fun.
Enjoy the game.

SAMPLE COLORING

COLOR by SKETCH

자기만의 개성으로 채색해보세요.

Just play.
Have fun.
Enjoy the game.

COLOR by SKETCH

자기만의 개성으로 채색해보세요.

COLOR by SKETCH

자기만의 개성으로 채색해보세요.

Just play.
Have fun.
Enjoy the game.

COLOR by SKETCH

자기만의 개성으로 채색해보세요.

COLOR by SKETCH

자기만의 개성으로 채색해보세요.

Just play.
Have fun.
Enjoy the game.

COLOR by SKETCH

자기만의 개성으로 채색해보세요.

LOGIC GAME

#BRAIN GAME　　#SEE　　　#DRAW　　　#WRITE　　　#ANYONE　　　#ANYTIME　　　#ANYWHERE

NONOGRAM

기본 노노그램을 풀기 전 읽어주세요!

 기본 노노그램 풀이 규칙

1 행의 왼쪽 또는 열의 위쪽에 적힌 수만큼 그 행 또는 열에 연속해서 칠해야 하는 칸 수를 의미합니다.

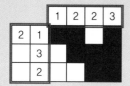

2 여러 개의 숫자가 있는 경우 순서대로 그 줄의 행과 열을 칠해야 합니다.
이때 숫자와 숫자 사이에는 반드시 1칸 이상을 띄우고 칠해야 합니다.

① 해당 세로줄 세 칸 중 두 칸을 연속해서 칠한다.
② 해당 가로줄 네 칸 중 두 칸을 연속해서 칠한 후, 한 칸 이상 띄우고 나머지 한 칸을 칠한다.

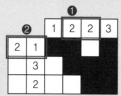

3 칠할 수 없는 칸은 먼저 X 표시해 두면 풀이가 쉬워집니다.
완성된 숫자는 O 표시해 두면 헷갈리지 않습니다.

① 세로줄이 세 칸뿐이므로 모두 칠하고 숫자에 O 표시해 둔다.
② 세 칸이 연속해서 칠해져야 하므로 맨 앞 칸에는 X 표시해 둔다.

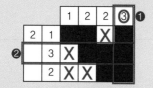

※ 기타 규칙들은 기본 노노그램 풀이 규칙과 동일합니다.

NONOGRAM

풀이 규칙에 맞춰 차근차근 채색해보세요.

Just play.
Have fun.
Enjoy the game.

Runtime ☐ ☐ : ☐ ☐

NONOGRAM

#02

풀이 규칙에 맞춰 차근차근 채색해보세요.

Just play.
Have fun.
Enjoy the game.

?

Runtime ☐☐ : ☐☐

NONOGRAM

컬러 노노그램을 풀기 전 읽어주세요!

 ## 컬러 노노그램 풀이 규칙

1 행의 왼쪽 또는 열의 위쪽에 적힌 수만큼 그 행 또는 열에 연속해서 칠해야 하는 칸 수를 의미합니다.

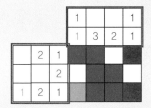

2 숫자의 색깔과 동일한 색을 칠해야 합니다.
여러개의 숫자가 있는 경우 같은 색의 숫자는 중간에 ❶한 칸 이상 띄어야 하고, ❷서로 다른 색의 숫자는 칸을 띄지 않아도 됩니다. ❸(띄우기도 합니다.)

3 칠할 수 없는 칸은 먼저 X 표시해 두면 풀이가 쉬워집니다.
완성된 숫자는 O 표시해 두면 헷갈리지 않습니다.

※ 기타 규칙들은 컬러 노노그램 풀이 규칙과 동일합니다.

NONOGRAM

풀이 규칙에 맞춰 차근차근 채색해보세요.

Just play.
Have fun.
Enjoy the game.

Runtime ⬜⬜ : ⬜⬜

?

NONOGRAM

풀이 규칙에 맞춰 차근차근 채색해보세요.

Just play.
Have fun.
Enjoy the game.

Runtime ⬜⬜ : ⬜⬜

?

SUDOKU

가로세로, 각 영역에 도형, 색상, 알파벳 A~I까지 겹치지 않도록 칸을 채우세요.

Just play.
Have fun.
Enjoy the game.

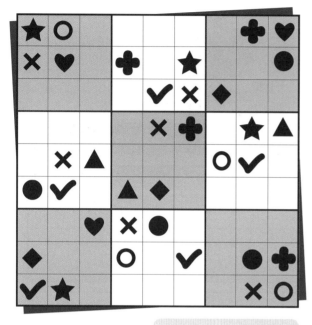

Runtime ☐☐ : ☐☐

Runtime ☐☐ : ☐☐

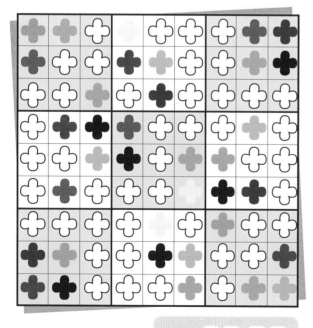

Runtime ☐☐ : ☐☐

Runtime ☐☐ : ☐☐

SUDOKU

가로세로, 각 영역에 숫자 1~9까지 겹치지 않도록 칸을 채우세요.

Just play.
Have fun.
Enjoy the game.

Puzzle 1

						3	6	
			7					1
		8	2	4				
	4			8			9	
	5		3		6		2	
	3			2			7	
				3	2	8		
2					1			
	7	9						

Runtime ☐ : ☐

Puzzle 2

2	8							
			6				9	7
		1				3		
			4			1		2
	4		3			5		
6		2		7				
	4					5		
1	3				2			
							4	1

Runtime ☐ : ☐

Puzzle 3

6						5		
		8		4				9
9					6			
			7			6		
	5	9				8	1	
		3			2			
			8					3
1				5		4		
	4							7

Runtime ☐ : ☐

Puzzle 4

	2	1				6		
			3			8	7	
7								
	6				5			
			8	4	1			
			9				4	
							9	
	8	5			6			
		9				2	3	

Runtime ☐ : ☐

SUDOKU

가로세로, 각 영역에 숫자 1~9까지 겹치지 않도록 칸을 채우세요.

Just play.
Have fun.
Enjoy the game.

Runtime ☐☐ : ☐☐

Puzzle (top-right, overlapping grids):

		7		5			2			
	4					6	7			
	2			9						
5			7							
2			1							
			3		8	7	1			
								2		1
	7							4		
6		3								
7	8	2		3						
				2					5	
				8					6	
			3			4				
5	4					7				
8			9		1					

Runtime ☐☐ : ☐☐

Puzzle (bottom-left, overlapping grids):

6							1	
8			5	1	9			
2						8		3
						1	4	2
	7				3			
			2	6	8			
	9			6		8		
	1					5		
	6			5		4		
			1	7	6			
				8			5	
	6	7	4					
	2			3				7
				2	8	7		5
		5						2

SUDOKU

가로세로, 각 영역에 숫자 1~9, 알파벳 A~G까지 겹치지 않도록 칸을 채우세요.

> Just play.
> Have fun.
> Enjoy the game.

Runtime ___ : ___

G	1		6			D	F	9	A			5		7	3
8			F		G					C		1			A
			E	3		4	F		1	5					
4	3				B		1	8		2			D		6
		4				9			3				G		
	8	G	D									9	5	C	
9				C			5	2			4				1
F		6	3			G			B			D	8		2
3		1	B			C				8		G	7		4
6				B				9	5			1			E
	7	C	A									2	6	8	
			D			3			6				B		
E	B				4		D	1		6				2	7
				A	E			6	4			G	D		
7			G		9					8		F			D
D	6		9			B	C	E	5			4		A	G

기존 스도쿠는 숫자 1~9를 넣는 거였다면
조금 더 머리를 지끈거리게 할 알파벳을
추가하여 두뇌 자극

Runtime ___ : ___

	G	B		6					A			8	9		
	4			9						2			6		
				3	1	2	8	C	9						
F	8	9		4						E		1	B	7	
			D		6	5	G	9			F				
E	F		9								G		1	5	
				F	1	9	C	E	8	2	A				
A			8		E			6				9			C
8			1		F			2				3			G
				C	E	3	7	B	5	G	1				
4	D		F									6		7	1
			3			D	6	A	7			E			
G	C	A		5						F			2	8	D
				C	2	A	9	3	D						
	9			E						6			C		
	7	E		D					4				F	G	

기존 스도쿠는 숫자 1~9를 넣는 거였다면
조금 더 머리를 지끈거리게 할 알파벳을
추가하여 두뇌 자극

MATHEMATICS

제공된 데이터로 정답을 맞추세요.

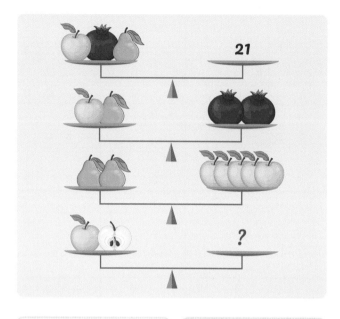

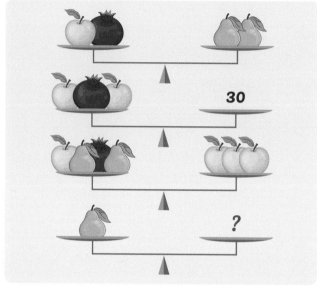

ANSWER

Runtime ☐☐ : ☐☐

ANSWER

Runtime ☐☐ : ☐☐

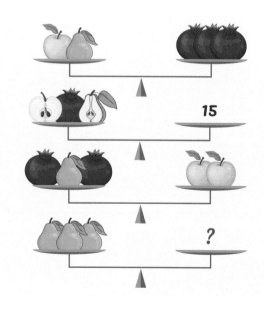

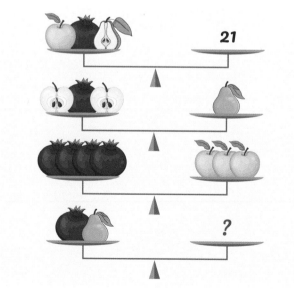

ANSWER

Runtime ☐☐ : ☐☐

ANSWER

Runtime ☐☐ : ☐☐

MATHEMATICS

제공된 데이터로 정답을 맞추세요.

54 ÷ 🐟 = 🐟 * 🐟

27 ÷ 🐟 = 🐟

36 ÷ 🐟 = 🐟 * 🐟

12 ÷ 🐟 + 🐟 * 🐟 = ?

🦋 ÷ 🦋 * 🦋 + 🦋 = 36

81 ÷ 🦋 + 🦋 * 🦋 = 63

🦋 + 🦋 + 🦋 + 🦋 = 36

🦋 - (🦋 + 🦋) ÷ 🦋 = ?

ANSWER Runtime ☐☐ : ☐☐

ANSWER Runtime ☐☐ : ☐☐

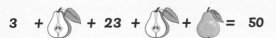

14 + 🍎 + 3 + 🍏 + 8 = 34

3 + 🍐 + 23 + 🍐 + 🍐 = 50

🍐 + 42 + ? + 🍎 + 4 = 74

❶ **18** ❷ **13** ❸ **19** ❹ **17**

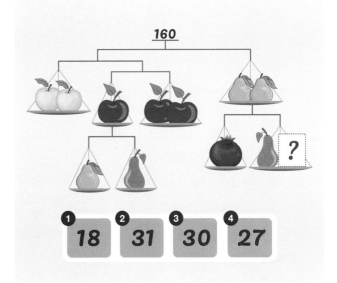

160

❶ **18** ❷ **31** ❸ **30** ❹ **27**

ANSWER Runtime ☐☐ : ☐☐

ANSWER Runtime ☐☐ : ☐☐

MATHEMATICS

규칙을 찾아 빈 칸에 들어갈 정답을 찾으세요.

Just play.
Have fun.
Enjoy the game.

A

1 →	4 →	9
36 ←	? ←	16
49 →	64 →	81

B

$$
\begin{array}{r}
\times\ 2\ 9\ 8\ z\ \times\ 4\ 5\ y \\
y\ 7\ z \\
\hline
2\ 9\ 8\ z\ \times\ 4\ 5\ y \\
+\ 2\ \times\ 8\ 6\ 7\ y\ z\ 7\ z \\
+\ 8\ 9\ 4\ y\ z\ y\ 5\ 9 \\
\hline
=\ z\ z\ \times\ 5\ 9\ 6\ 7\ 8\ \times\ 6\ y
\end{array}
$$

ANSWER

A – _____,

B – x : _____,

y : _____,

z : _____

A

4 →	12 →	20
❶	36	28
52 →	60 →	❷

B

$$
\begin{array}{r}
\times\ y\ 5\ y\ 7\ 1\ \times\ z \\
1\ \times\ y\ 3 \\
\hline
1\ 3\ z\ y\ 1\ 3\ 7\ 8 \\
+\ 1\ 8\ 1\ 8\ 8\ 5\ 0\ y \\
+\ 9\ 0\ 9\ y\ \times\ 5\ \times \\
+\ y\ 5\ y\ 7\ 1\ \times\ z \\
\hline
=\ 5\ z\ 5\ \times\ 0\ 7\ 7\ z\ 1\ 8
\end{array}
$$

ANSWER

A – ❶ – _____,

❷ – _____,

B – x : _____,

y : _____,

z : _____

A

3 →	6 →	10
28 ←	❶ →	15
❷ →	45 →	55

B

$$
\begin{array}{r}
\times\ 7\ z\ 5\ \times\ 6\ y\ 3\ 8 \\
3\ y\ z \\
\hline
y\ 9\ 8\ 0\ 6\ z\ 9\ 5\ y \\
+\ \times\ z\ 9\ 0\ 3\ y\ z\ 7\ 6 \\
+\ y\ y\ 3\ 5\ z\ 8\ 7\ \times\ z \\
\hline
=\ y\ z\ \times\ z\ 3\ y\ 6\ \times\ \times\ \times\ y
\end{array}
$$

ANSWER

A – ❶ – _____,

❷ – _____,

B – x : _____,

y : _____,

z : _____

MATHEMATICS

단 한 번 성냥을 옮겨 수식이 맞게 수정하세요.

Just play.
Have fun.
Enjoy the game.

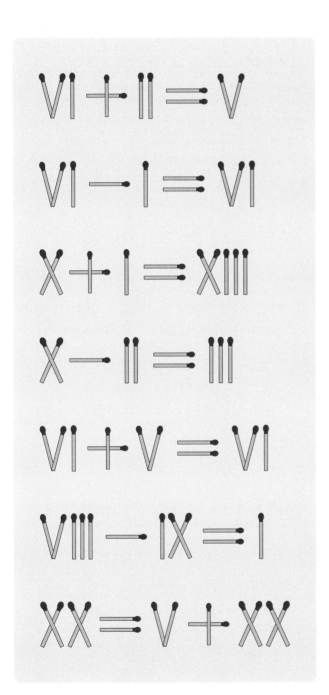

ANSWER

VII + II = V

Runtime :

Roman	I	II	III	IV	V	VI	VII	VIII	IX	X	XI	XII	XIII	XIV	XV ⋯ XX
Numerals	1	2	3	4	5	6	7	8	9	10	11	12	13	14	15 ⋯ 20

MATHEMATICS

단 한 번 성냥을 옮겨 수식이 맞게 수정하세요.

Just play.
Have fun.
Enjoy the game.

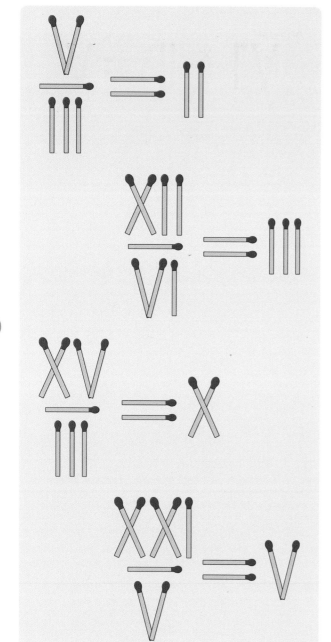

ANSWER

Runtime

Roman	I	II	III	IV	V	VI	VII	VIII	IX	X	XI	XII	XIII	XIV	XV … XX
Numerals	1	2	3	4	5	6	7	8	9	10	11	12	13	14	15 … 20

IQ TRAINING

각 지령에 맞게 풀이하세요.

Just play.
Have fun.
Enjoy the game.

4개의 화살표가 겹치지 않게 그룹으로 모두 묶으세요.

Runtime ⬭⬭ : ⬭⬭

5개의 기호가 겹치지 않게 그룹으로 모두 묶으세요.

Runtime ⬭⬭ : ⬭⬭

IQ TRAINING

매듭이 지어지는 진짜 로프를 모두 찾으세요.

Just play.
Have fun.
Enjoy the game.

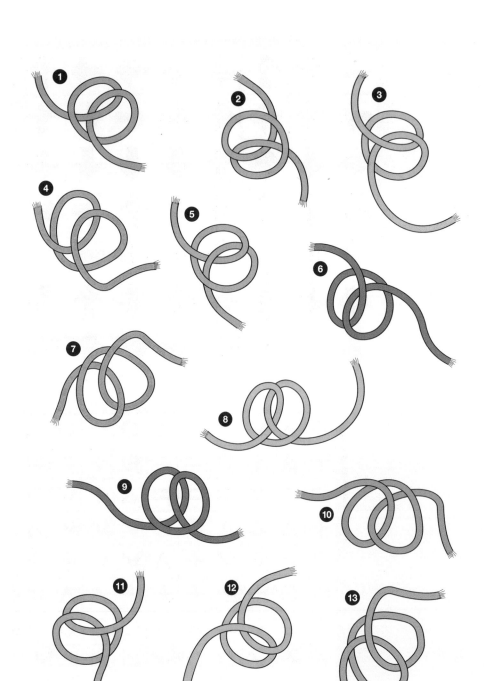

Runtime ☐☐ : ☐☐

ANSWER

_____ ,

_____ ,

_____ ,

_____ ,

_____

IQ TRAINING

비현실적이고 이상한 도형을 모두 찾으세요.

Just play.
Have fun.
Enjoy the game.

Runtime ☐ ☐ : ☐ ☐

ANSWER

_____ ,

_____ ,

_____ ,

_____ ,

_____

IQ TRAINING

규칙을 찾아 다음 물음표 자리에 놓일 도형을 찾으세요.

Just play.
Have fun.
Enjoy the game.

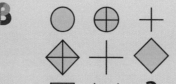

ANSWER

A – _____,

B – _____

ANSWER

A – _____,

B – _____

ANSWER

A – _____,

B – _____

IQ TRAINING

규칙을 찾아 다음 물음표 자리에 놓일 도형을 찾으세요.

Just play.
Have fun.
Enjoy the game.

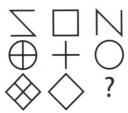

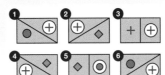

ANSWER

A – _____,

B – _____

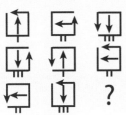
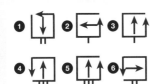

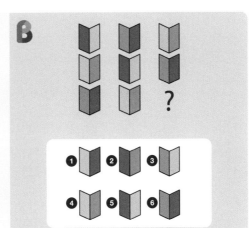

ANSWER

A – _____,

B – _____

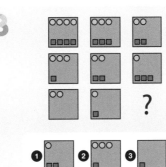

ANSWER

A – _____,

B – _____

THE ANSWERS

정답 **THE ANSWERS** 104

P. 8

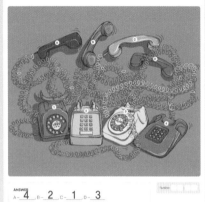

ANSWER
Lady — 4, Man — 1, Girl — 3, Boy — 2

P. 9

ANSWER
A — 4, B — 2, C — 1, D — 3

P. 10

P. 11

P. 12

P. 13

P. 14

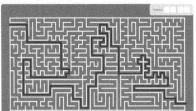

P. 15

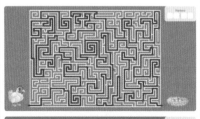

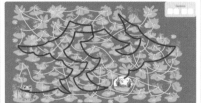

P. 16

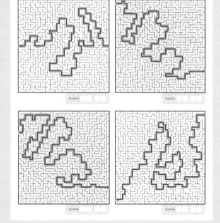

THE ANSWERS | 정답

P. 17

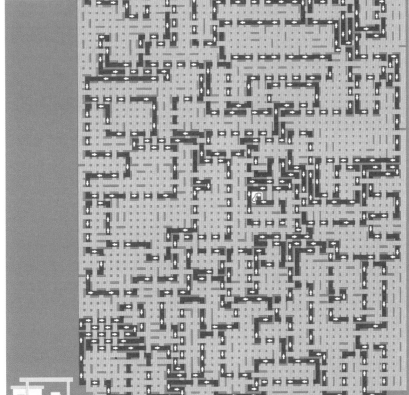

P. 18

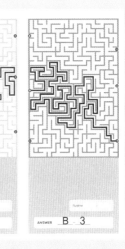

ANSWER C - 2   ANSWER B - 3

P. 19

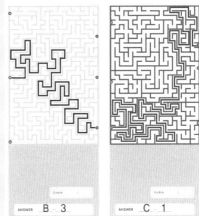

ANSWER B - 3   ANSWER C - 1

P. 20

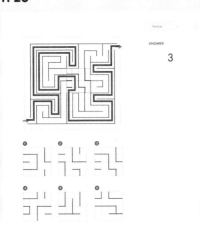

ANSWER

3

P. 21

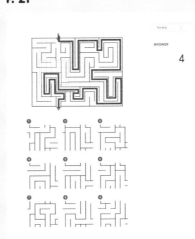

ANSWER

4

P. 22

TANJITGURY

105

THE ANSWERS

P. 23

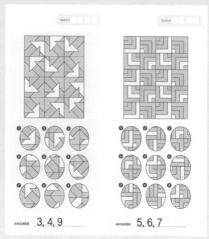

P. 24

ANSWER 3, 4, 9   ANSWER 5, 6, 7

P. 25

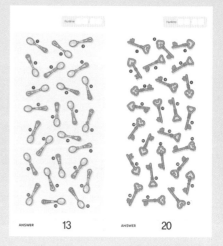

ANSWER 13   ANSWER 20

P. 26

ANSWER 2

ANSWER 2

P. 27

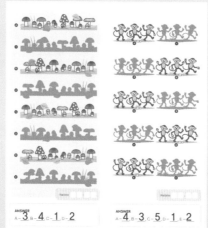

ANSWER A-3 B-4 C-1 D-2

ANSWER A-4 B-3 C-5 D-1 E-2

P. 28

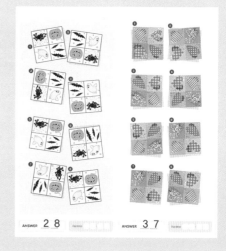

ANSWER 2 8   ANSWER 3 7

P. 29

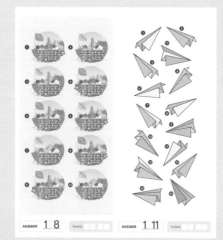

ANSWER 1 8   ANSWER 1 11

P. 30

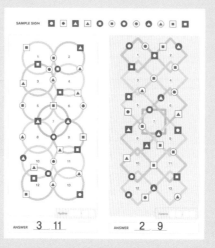

ANSWER 3 11   ANSWER 2 9

P. 31

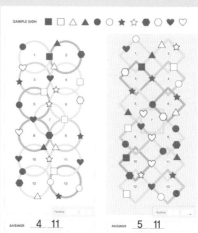

ANSWER 4 11   ANSWER 5 11

• THE ANSWERS ㅣ 정답 •

P. 32

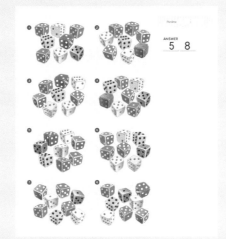

ANSWER

5	8
10	12
15	16

ANSWER

1	4
7	8
9	12
14	16

P. 33

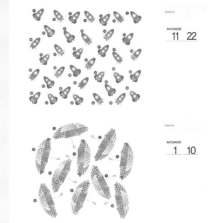

ANSWER

5	8

P. 34

ANSWER

11	22

ANSWER

1	10

P. 35

ANSWER 11 20

ANSWER 13 24

P. 36

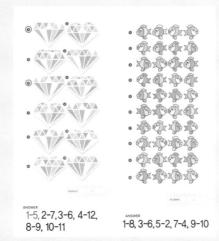

ANSWER
1–5, 2–7, 3–6, 4–12,
8–9, 10–11

ANSWER
1–8, 3–6, 5–2, 7–4, 9–10

P. 37

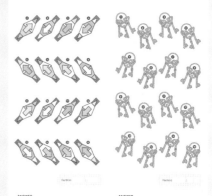

ANSWER
1–6, 2–13, 3–5, 4–15,
7–9, 8–10, 11–16, 12–14

ANSWER
1–6, 2–13, 3–8, 4–14,
5–11, 7–9, 10–16, 12–15

P. 38

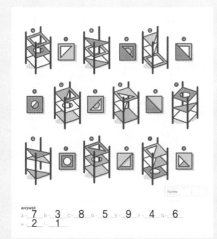

ANSWER
A– 7 B– 3 C– 8 D– 5 E– 9 F– 4 G– 6
H– 2 I– 1

P. 39

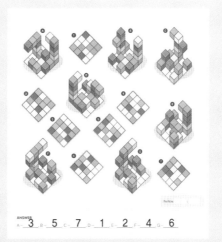

ANSWER
A– 3 B– 5 C– 7 D– 1 E– 2 F– 4 G– 6

P. 40

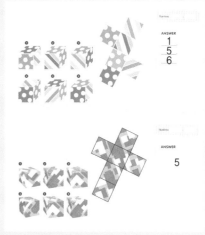

ANSWER

1
5
6

ANSWER

5

THE ANSWERS | 정답

P. 41

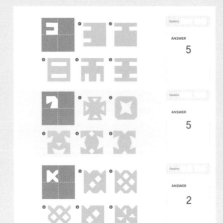

ANSWER 5

ANSWER 5

ANSWER 2

P. 44

ANSWER
A - 4
B - 8
C - 6
D - 1
E - 7
F - 5 3 9 2
G -
H -
I - 2

P. 45

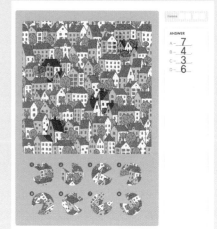

ANSWER
A - 7
B - 4
C - 3
D - 6

P. 46

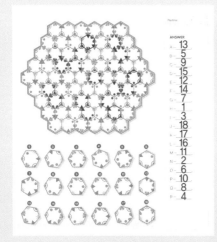

ANSWER
A - 13
B - 9
C - 15
D - 14
E - 7
F - 1
G - 3
H - 18
I - 17
J - 16
K - 11
L - 2
M - 6
N - 10
O - 8
P - 4

P. 47

ANSWER
A - 3
B - 9
C - 16
D - 18
E - 12
F - 11
G - 20
H - 2

P. 48

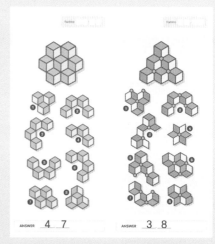

ANSWER 4 7   ANSWER 3 8

P. 49

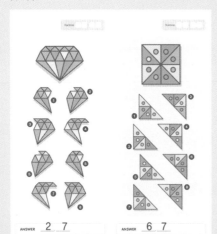

ANSWER 2 7   ANSWER 6 7

P. 50

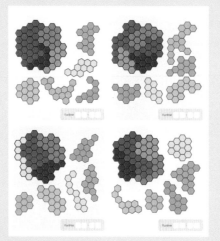

P. 51

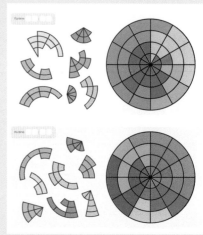

P. 52

P. 53

P. 54

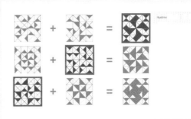

P. 55

P. 56

P. 57

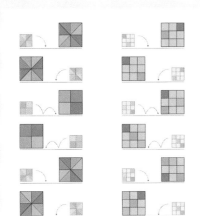

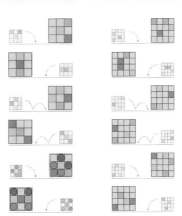

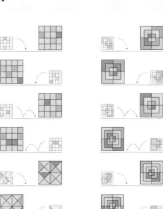

P. 66

P. 67

P. 68

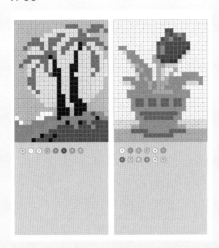

THE ANSWERS | 정답

P. 69

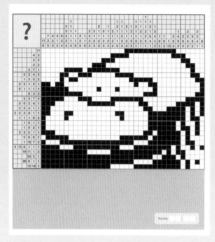

P. 83

P. 84

P. 86

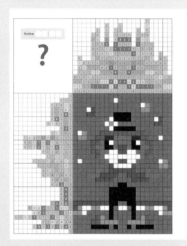

P. 87

P. 88

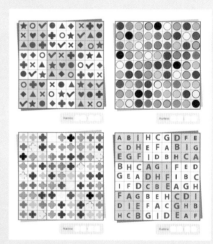

P. 89

P. 90

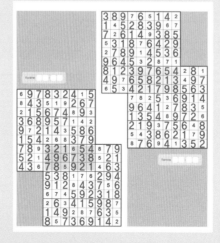

• THE ANSWERS | 정답 •

P. 91

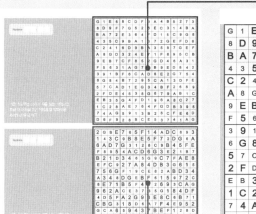

G	1	E	6	8	C	D	F	9	A	4	B	5	2	7	3
8	D	9	F	7	G	5	2	6	E	C	3	1	4	B	A
B	A	7	2	E	3	6	4	F	D	1	5	C	9	G	8
4	3	5	C	9	B	A	1	8	7	2	G	E	F	D	6
C	2	4	1	6	D	9	B	A	3	5	8	7	G	E	F
A	8	G	D	3	2	4	E	7	1	F	6	9	5	C	B
9	E	B	7	C	F	8	5	2	G	D	4	6	A	3	1
F	5	6	3	1	A	G	7	C	B	9	E	D	8	4	2
3	9	1	B	F	6	C	A	D	8	E	2	G	7	5	4
6	G	8	4	B	F	7	C	9	5	C	A	1	3	D	F E
5	7	C	A	D	1	E	G	3	4	B	F	2	6	8	9
2	F	D	E	4	5	3	8	G	6	7	9	A	B	1	C
E	B	3	5	G	4	F	D	1	9	6	A	8	C	2	7
1	C	2	8	A	E	7	6	4	F	G	D	B	3	9	5
7	4	A	G	5	9	1	3	B	2	8	C	F	E	6	D
D	6	F	9	2	8	B	C	E	5	3	7	4	1	A	G

P. 92

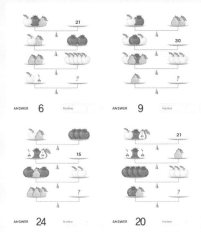

ANSWER 6   ANSWER 9

ANSWER 24   ANSWER 20

P. 93

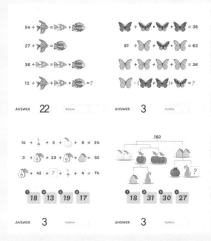

ANSWER 22   ANSWER 3

18 13 19 17 ANSWER 3   **18 31 30 27** ANSWER 3

P. 94

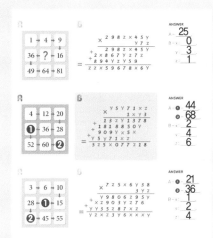

P. 95

P. 96

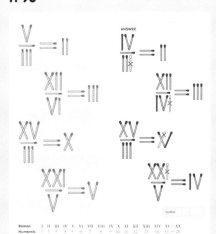

P. 97

TANJITGURY

111

THE ANSWERS

P. 98

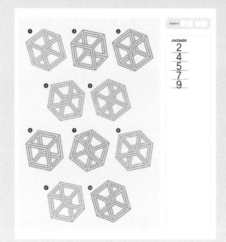

ANSWER
1
5
7
8
10

P. 99

ANSWER
2
4
5
7
9

P. 100

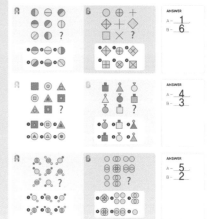

ANSWER
A - 1
B - 6

ANSWER
A - 4
B - 3

ANSWER
A - 5
B - 2

P. 101

ANSWER
A - 5
B - 1

ANSWER
A - 3
B - 5

ANSWER
A - 6
B - 6

MAKING

나만의 자동차를 만들어보세요.

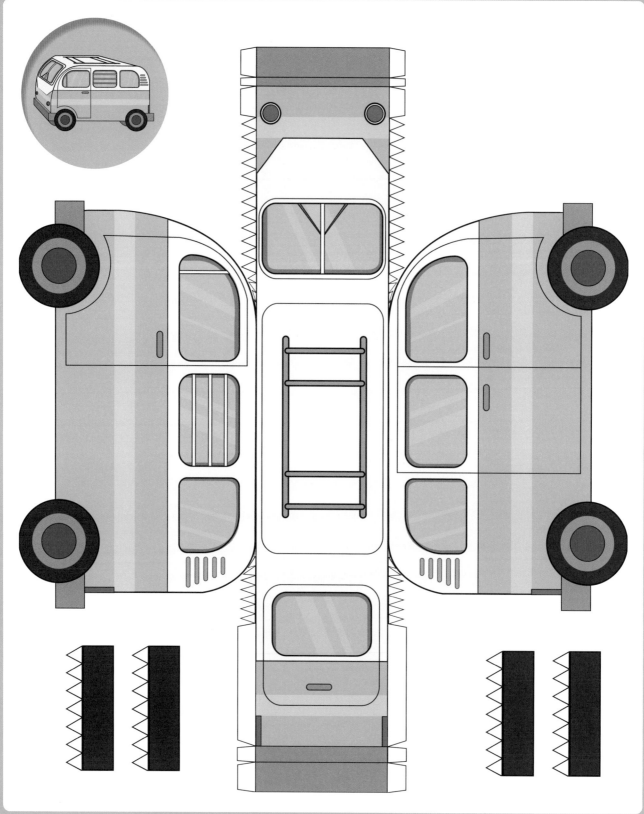

나만의 프로펠러 비행기를 만들어보세요.

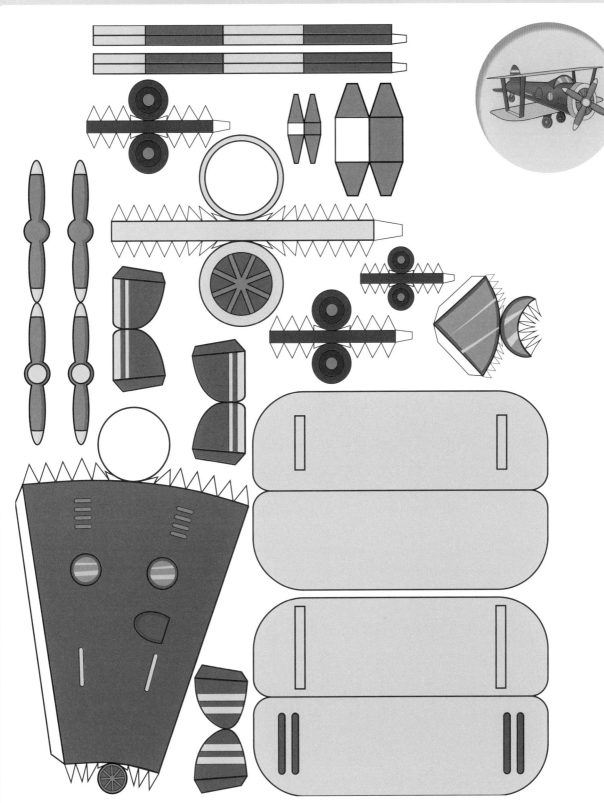

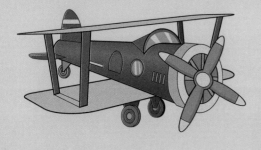

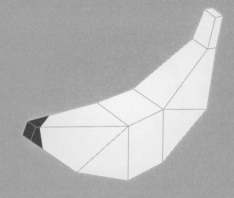

ORIGAMI

► **A Frog**

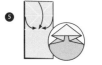

► **A Bird**

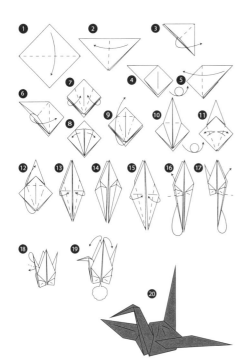

ORGAMI

► A Frog

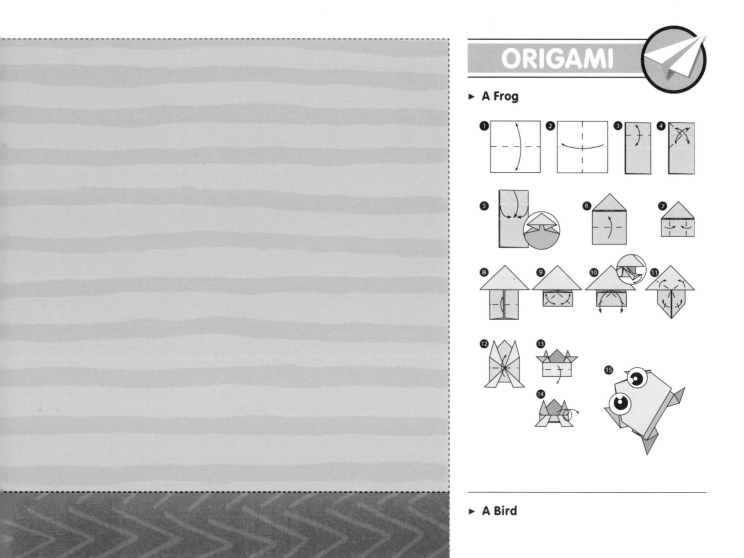

► A Bird

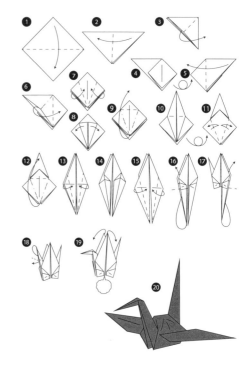

► A Cicada

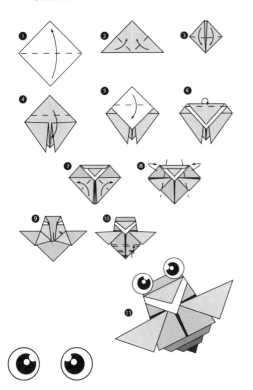

► A Rabbit

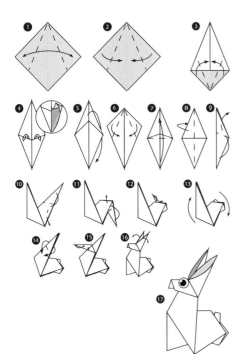

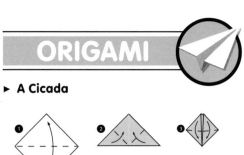

ORIGAMI

▶ **A Cicada**

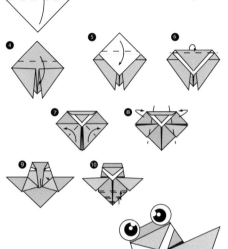

▶ **A Rabbit**

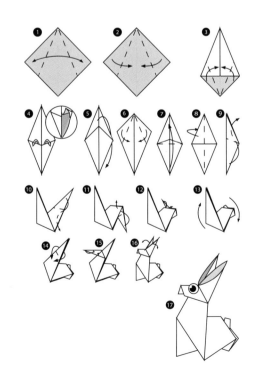